AF312174

LE

PAGE INCONSTANT,

BALLET-PANTOMIME

Ecole des Vieillards , (l') comédie en 5 actes , en vers, de M. Casimir Delavigne , imprimée sur beau papier, vol. de près de 200 pages, prix : 5 fr.

Paria , (le) tragédie en 5 actes , du même auteur , 2me. *édition*, prix : 4 fr.

Vêpres Siciliennes, (les) tragédie du même auteur , 3me. *édition*, prix : 3 fr.

Comédiens , (les) comédie en 5 actes, en vers , avec un prologue du même auteur, 3me. *édition*, prix : 3 fr.

Pierre de Portugal, tragédie de M. Lucien Arnault, auteur de Régulus, 2me. *édition*, prix : 4 fr.

Tribunal Secret, (le) tragédie en 5 actes, avec une préface, de M. Léon Thiessé , prix : 3 fr.

Couturières, (les) vaudeville de M. Désaugiers 2me *édition*, prix : 1 fr. 50 c.

Maris sans Femmes, (les) vaudeville du même auteur, prix : 1 fr. 50 c.

L'art Poétique des Demoiselles et des jeunes Gens, ou Lettres à Isaure sur la Poésie , par Emmanuel Dupaty ; 1 gros vol. in-12 , orné de 5 figures, prix : 5 fr.

Almanach des Spectacles, pour l'an 1824, contenant l'adresse de tous les acteurs et employés de tous les théâtres de Paris ; le répertoire de toutes les pièces de chacun des théâtres , l'analyse de toutes les pièces, des couplets extraits de chaque vaudeville , etc., etc ; 1 gros vol. in-18 , 3me. année, prix : 3 fr.

IMPRIMERIE DE HOCQUET.

LE
PAGE INCONSTANT

BALLET-PANTOMIME EN TROIS ACTES,

DE DAUBERVAL,

Mis en scène par M. AUMER, Maître des Ballets de
l'Académie royale de Musique,

REPRÉSENTÉ POUR LA PREMIÈRE FOIS SUR LE THÉATRE DE
L'ACADÉMIE ROYALE DE MUSIQUE, LE 18 DÉCEMBRE 1823.

PRIX : 1 FR. 50 CENT.

PARIS,

CHEZ J-N. BARBA, LIBRAIRE,

ÉDITEUR DES OEUVRES DE MM. PICARD PIGAULT-LE-BRUN,
ET ALEX. DUVAL.

PALAIS-ROYAL, DERRIÈRE LE THÉATRE FRANÇAIS, n°. 51.

1824.

AVANT-PROPOS.

L'ORIGINE de cet ouvrage remonte à l'époque
où le *Mariage de Figaro* obtint tant de succès.
Dauberval était à Bordeaux. Cette comédie fut
jouée et défendue.

Les Bordelais ne pouvant cacher les regrets
que leur causait cette défense, *Dauberval* crut
pouvoir, pour les dédommager, convertir cette
c omedie en *ballet.*

En effet, la gaîté, le comique de l'ouvrage
original se reproduisirent dans des situations
dessinées avec art, et le *ballet* eut le succès de
la *comédie.*

En ressuscitant cet ouvrage d'un grand-maître,
j'ai cru devoir rajeûnir la musique.

Des compositeurs m'ont aidé à puiser dans
des sources nouvelles, et la musique, entière-
ment refaite, ne peut qu'être plus d'accord avec
le goût du public.

Il est à remarquer que c'est *le premier ouvrage
de Dauberval* qui aura été joué sur le théâtre de
l'Académie royale de musique. C'est un hommage à ses talens et à sa mémoire.

AUMER.

PERSONNAGES. ACTEURS.

Le Comte ALMAVIVA........... M. *Montjoie.*
La Comtesse ALMAVIVA........ Mme *Anatole.*
CHÉRUBIN.................... Mlle *Marinette.*
SUSANNE .... Mlle *Bigottini.*
FIGARO .... M. *Ferdinand.*
BAZILE...................... M. *Milon.*
BARTHOLO .... M. *Godefroy.*
MARCELINE................. Mme *Elie.*
FANCHETTE................. Mme *Montessu.*
ANTONIO .... M. *Mérante.*
BRID--OISON............... M. *Châtillon, père.*
GRIPE-SOLEIL .... M. *Châtillon.*
Quatre Pages.... Mlles *Péan, Picaud, Didier, Bernard.*
Deux Jardiniers............. MM. *Lenoir, Joseph.*
Deux Femmes-de--Chambre...... Mlles *Campan, Claire.*

---

*La scène se passe Espagne, au château d'Agasfrescas,
près Seville.*

DANSE.

Premier Acte.

BOLÉROS.

M. Ferdinand, Mlle Hullin.

NOBLES.

M. Paul, Mlle Noblet.

MM. Seuriot, Petit 1er, Elie, Rivière, Faucher 1er, L. Petit.

Mlles Naderkor, Aline 1ere, Geneveaux, Beaupré, Seuriot 2eme, Eléonore.

MM. Bense, Alerme, L'Enfant 2eme, Isambert, Pillain, Guillet.

Mlles Darmancourt, Coulon, Proche 1ere, Maillet, Julie, Leclercq.

VILLAGEOIS.

MM. Groneau, Martin, Vincent, Robiquet, Rousselot, Petitfils.

Mlles Roland, Joly 1ere, Bassompière, Anquetil, Bertrand 1ere, Noblet 2eme.

MM. Guiffard, Faucher 2eme, Gallais, Gondoin, Olivier, Daumont.

Deuxième Acte.

VILLAGEOIS.

M. Coulon, Mme Montessu, M. Gosselin, Mmes Lacroix, Legallois.

NOBLES.

M. Albert, Mme Anatole.

Troisième Acte final.

LE PAGE INCONSTANT

BALLET-PANTOMIME.

ACTE PREMIER.

*Le théâtre représente un vestibule orné de fleurs,
une table de festin est au milieu.*

Le Comte, la Comtesse et plusieurs seigneurs
invités sont à table : le Page sert la Comtesse, en
la regardant très-attentivement. Antonio et Fanchette apportent des fleurs à leurs maîtres ; Suzanne marche autour de la table ; Bazile joue sur
sa guitare un air bachique ; des musiciens sont sur
une estrade ; tout respire le plaisir.

Figaro et les vassaux du Comte viennent lui
demander de vouloir bien signer, comme il le
leur a promis, sa renonciation au droit de vasse-
lage ; il y consent, fait appeler Brid-Oison, et
promet de ne jamais user de ce droit.

Pendant les scènes précédentes, le Page admire
la beauté de la Comtesse, les charmes de Suzanne
et les grâces de Fanchette ; Bazile ne perd pas
un des regards de Chérubin.

Le Comte et la Comtesse permettent aux prétendus, ainsi qu'à leurs vassaux, de commencer une fête à laquelle eux-mêmes et les seigneurs invités daignent se mêler.

Marceline, suivie de Bartholo, interrompt la fête; elle vient reclamer des droits sur Figaro, dont elle montre une promesse de mariage; celui-ci nie le fait; le Comte, charmé du retard qu'éprouve le mariage de Suzanne, ordonne à Brid-Oison de prendre connaissance du titre de . Marceline.

Bartholo se présente pour servir de témoin contre Figaro : le Comte renvoie les garçons de la noce, en attendant que les juges prononcent sur l'affaire dont il est question : chacun se retire.

Le théâtre représente une partie du parc. On voit la chaumière d'Antonio et de Fanchette; sur le devant est une petite cabane.

Antonio vient reprendre ses travaux rustiques; fâché de ne pas voir sa fille plus empressée à travailler, il la gronde de sa paresse dans un jour où tout le monde au château aura besoin de bouquets; il lui ordonne d'arroser les fleurs du parterre, tandis qu'il va veiller sur des ouvriers qui l'appellent.

Fanchette voudrait obéir à son père, mais l'idée de Chérubin la poursuit en tout lieu; elle quitte le travail pour ne penser qu'à lui. Bientôt elle l'aperçoit : charmée de le revoir, elle lui fait mille innocentes caresses. Chérubin lui apporte un bouquet, le place à son corset : ils dansent ensemble. Interrompus par le Comte et Antonio, Fanchette effrayée fait cacher le Page dans sa cabane, tandis qu'elle va derrière une charmille pour éviter les reproches de son père.

Le Comte qui est venu pour visiter son jardin, ordonne à Antonio de le bien entretenir, ensuite il lui demande où est sa fille : celui-ci, étonné de ne pas la voir, assure l'avoir laissée travaillant dans le même lieu où ils sont. Au même instant Fanchette est aperçue, cachant avec peine ses craintes et son trouble ; Antonio la gronde d'avoir quitté la tâche qu'il lui avait donnée, il veut même la battre... le Comte s'y oppose, et ordonne à Antonio de sortir.

Le Comte, fâché des brusqueries de cet homme, veut consoler Fanchette, et lui promet de prendre soin de sa fortune, pour peu qu'elle veuille l'aimer. La petite, occupée du Page et peu sensible à l'amour du Comte, veut fuir ; il l'arrête. Au même instant Antonio rentre furieux, il vient d'apprendre de ses ouvriers que le Page s'était introduit dans le jardin : le Comte ne tarde pas à le soupçonner dans la cabane de Fanchette : Antonio court en ouvrir la porte, soulève un rideau ; le Page est découvert ; il sort tout honteux ; le Comte lui ordonne de fuir à jamais sa présence :

Chérubin se sauve à toutes jambes : le Comte sort mécontent : Antonio entraîne Fanchette en la menaçant.

Le théâtre représente la chambre de Suzanne, un grand fauteuil de malade est au milieu; sur le côté est une toilette.

Figaro et Suzanne viennent prendre possession du logement que le Comte leur a donné. Suzanne attache à sa tête le petit chapeau de la mariée ; Figaro mesure avec un pied la place nécessaire aux meubles dont le Comte lui a fait présent ; Suzanne, devant la toilette , se regarde avec plaisir, arrange sa coîffure et son fichu ; Figaro craint que cette coquetterie ne le mette bientôt au rang des maris infortunés : Suzanne le rassure , et lui promet de l'aimer toujours : ils se font mutuellement les plus tendres sermens. Figaro transporté veut dérober un baiser à sa jolie future , un petit soufflet punit sa témérité... la Comtesse sonne , Suzanne est obligée de quitter Figaro.

Marceline paraît , et reproche à celui-ci son manque de foi ; elle veut l'attendrir par des caresses : Figaro, fatigué de ses persécutions, s'en débarrasse en fuyant. Suzanne rentre , tenant une robe et un ruban ; Marceline reclame encore ses droits sur Figaro; Suzanne rit des prétentions de la vieille folle ; Marceline se fâche ; elles se disputent vivement, et se séparent en se moquant l'une de l'autre.

Le Page saisit l'instant où Marceline sort, pour entrer dans la chambre de Suzanne : toujours tendre, toujours galant auprès des femmes, ce jeune homme vient lui jurer le plus vif attachement ; Suzanne en rit, joue, danse et badine avec lui. En voltigeant autour d'elle, il aperçoit un ruban appartenant à la Comtesse, il le saisit adroitement, Suzanne veut le reprendre, il le met dans sa poche ; elle y fouille, et trouve une romance qu'il a composée pour la Comtesse, elle s'en empare, oublie le ruban, et lit la romance avec empressement ; il veut la reprendre, nouveaux débats ; le Comte se fait entendre à la porte, Chérubin effrayé se cache derrière le fauteuil.

Le Comte paraît et ferme la porte sur lui ; il n'aperçoit que Suzanne ; s'empresse de lui déclarer l'amour qu'il ressent pour elle ; dans l'espoir de la séduire, il lui offre une bague de diamans. Suzanne la refuse, et veut fuir ; le Comte la poursuit pour l'embrasser ; il la saisit et l'entraîne sur le fauteuil : la voyant effrayée, indignée de son audace, il cherche à la rassurer, et enfin la laisse aller ; on frappe à la porte, Suzanne tremble que ce ne soit Figaro, elle hésite à ouvrir ; on frappe une seconde fois, elle s'y détermine. Le Comte interdit se cache près du fauteuil. C'est Bazile qui vient pour donner une leçon de guitare à

Suzanne ; elle veut l'empêcher d'entrer ; il résiste, accroche sa guitare à la porte, trébuche, et, pendant qu'il examine, en avançant, si sa guitare n'est pas cassée, le Comte gagne le derrière du fauteuil : le Page, pour n'en être pas aperçu, tourne autour du meuble à mesure que le Comte approche, et au moment où celui-ci prend sa place, le Page se jette dans le fauteuil et s'y blotit. Suzanne, intéressée à les cacher tous deux, ne perd pas un mouvement, prend la robe et, en couvre le Page.

Bazile, sous prétexte de vouloir donner leçon à Suzanne, ne vient que pour lui parler en faveur du Comte ; il lui conseille de préférer l'or à la sagesse, et lui montre un collier superbe que son maître veut lui donner ; Suzanne est indignée de la démarche de Bazile, elle le repousse ; il veut la forcer d'accepter le cadeau, elle recule d'horreur, et laisse voir le Comte qui s'était avancé pour entendre la conversation.

Le Comte ordonne à Bazile de se taire sur cette rencontre ; il promet le secret, un laquais vient demander la robe de la Comtesse ; Suzanne interdite le renvoie sans la lui donner ; le Comte trouve tout simple de prendre cette robe pour l'envoyer à sa femme.

Il aperçoit le Page ; celui-ci tout tremblant se tapit du mieux qu'il peut dans le fauteuil, le Comte furieux l'en fait descendre.

La Comtesse arrive, suivie de Figaro et des paysans; elle prie le Comte de protéger Suzanne et son époux, de récompenser la vertu de l'une et la fidélité de l'autre. Le Comte obéit malgré lui, et dissimule les projets qu'il a formés contre le bonheur des nouveaux époux.

Figaro engage les témoins de sa félicité à se réjouir; Chérubin est le seul qui soit chagrin et rêveur : le Comte observe avec dépit l'intérêt que sa femme prend à ce jeune enfant; il veut le renvoyer; tout le monde demande sa grâce, mais il ne l'obtient qu'à condition qu'il se fera officier dans le régiment du Comte. On lui apporte l'habit, le chapeau militaire; Figaro les lui essaie et promet au Comte qu'il veillera sur lui jusqu'au moment où il partira pour la garnison. Le Comte est enchanté; Chérubin prend congé de la Comtesse; tout le monde se retire, les uns satisfaits, les autres feignant de l'être.

(Divertissement.)

Fin du premier acte.

ACTE DEUXIÈME.

Le théâtre représente une chambre à coucher, un lit en alcôve, une estrade au devant. La porte pour entrer est à la troisième coulisse à droite ; celle du cabinet, à la première coulisse à gauche ; une porte dans le fond va chez les femmes, une fenêtre s'ouvre de l'autre côté ; le portrait du Comte doit être placé dans cette chambre.

SUSANNE regarde s'il n'y a personne dans la chambre et va chercher sa maîtresse pour lui apprendre tout ce qui se passe ; la Comtesse se jette dans une bergère, et la presse de faire ce récit. Susanne lui rend compte des persécutions de son maître et de tout ce qu'il a tenté contre sa sagesse ; la Comtesse sait gré à Susanne de sa résistance, et l'engage à préférer toujours la vertu aux richesses.

Figaro, au lieu d'avoir fait partir le Page pour le régiment du Comte, l'introduit chez la Comtesse, et la prie de se prêter au tour qu'il veut jouer à son maître, en retenant le

Page au château, caché sous des habits de femme. La Comtesse le lui accorde, et Susanne va chercher les habillemens nécessaires au travestissement de Chérubin.

La Comtesse se met à sa toilette, le Page la regarde avec trouble : le respect qu'il a pour elle combat l'amour qu'elle lui inspire ; cependant il tombe à ses genoux, lui parle de sa beauté ; la Comtesse ne se fâche pas, regardant cet aveu d'un enfant comme une chose sans conséquence.

Susanne apporte un bonnet de femme, l'essaie au Page ; toujours adroit, toujours empressé, il saisit les jolies mains qui le coîffent, et reçoit plusieurs fois le prix de sa témérité : Susanne ouvre son collet pour voir comment il sera en femme, retroussé sa manche pour voir son bras, et aperçoit le ruban de la Comtesse qu'il lui avait volé. Le pauvre enfant s'était blessé, et avait cru trouver, dans ce ruban précieux, un baume salutaire à sa blessure.

Suzanne, après avoir ri malicieusement, lui ôte son manteau et va chercher les autres vêtemens. Chérubin, resté seul avec la Comtesse, baise le ruban volé ; celle-ci le reprend en rougissant, le met dans son corset, et, pour le dédommager de cette perte, lui rend celui qu'elle a au col ; Chérubin s'en saisit et le presse contre son cœur.

Suzanne revient avec la robe, et interrompt cet entretien, en dansant sur l'air de la romance que le Page avait composée pour sa belle marraine ; celle-ci ne peut résister au plaisir de danser aussi sur un air qu'elle trouve charmant ; ils dansent ensemble, pendant que Suzanne les accompagne avec sa guitare.

Le Comte, qu'on croyait bien loin, se fait entendre à la porte. Chérubin se cache dans le cabinet ; la Comtesse en prend la clef, et va ouvrir au Comte pendant que Suzanne se sauve dans l'appartement des femmes. Le Comte, étonné de voir son épouse enfermée, lui en demande la raison ; elle s'excuse sur ce qu'elle voulait être seule pour pincer de la guitare. Le Comte ne la croit que faiblement ; il regarde partout avec l'œil de la méfiance ; on entend tomber une chaise dans le cabinet, il court au bruit ; la Comtesse l'arrête, il l'entraîne avec fureur, et la force de le suivre pour qu'elle ne puisse le tromper, pendant qu'il va chercher de quoi enfoncer la porte du cabinet.

Suzanne, cachée derrière l'alcôve, a tout entendu sans être aperçue du Comte ; elle s'échappe furtivement, et vient avertir le Page qu'il faut sortir ; mais il n'y a que la fenêtre pour se sauver ; n'importe, il s'y jettera, plutôt que de compromettre sa chère marraine. Il embrasse Suzanne, mesure des yeux la hauteur et s'élance.

Suzanne est saisie de frayeur ; bientôt elle revient à elle, regarde, et voit avec joie qu'il ne s'est fait aucun mal ; elle court s'enfermer dans le cabinet à la place du Page.

Le Comte rentre furieux ; la Comtesse éplorée cherche à le calmer ; il la repousse brusquement, elle ne se décourage pas : le Comte, indigné, jaloux, porte la main à son épée ; la Comtesse frémit, tombe à ses genoux, et d'une main tremblante lui remet la clef du cabinet : il y court ; mais quel est son étonnement (et celui de la Comtesse) lorsqu'il voit Suzanne s'avancer et rire malignement de sa fureur, il reste confondu ; cependant il veut voir si elle était seule. Celle-ci rassure sa maîtresse, et lui dit que le Page s'est sauvé par la fenêtre.

Le Comte revient honteux de l'excès de sa jalousie ; la Comtesse et Suzanne le plaisantent ; il demande pardon de sa faute, on daigne le lui accorder ; le Comte ne renonce pas au projet qu'il a sur Suzanne : tout en feignant de se reconcilier avec sa femme, il ne cesse de faire des agaceries à sa suivante ; celle-ci s'entend avec sa maîtresse pour le jouer.

Pendant que la Comtesse détourne la tête, le Comte parle bas à Suzanne pour lui donner un rendez-vous à la chûte du jour dans le jardin. La Comtesse, qui ne veut pas perdre l'occasion de confondre son perfide époux, déguise sa colère pour mieux réussir à le faire tomber dans le piége qu'elle lui prépare. Le Comte prend congé de sa femme, serre la main à Suzanne, et sort, enchanté qu'elle ait accepté le rendez-vous.

La Comtesse se livre à son chagrin, Suzanne la supplie de prendre cela plus gaîment, et de ne s'occuper qu'à jouer son époux. Elle s'y détermine et veut faire écrire par Suzanne un billet au Comte pour lui indiquer le lieu du rendez-vous, et l'assurer du désir qu'elle a de s'y trouver. Suzanne obéit, elle écrit le billet, le ferme, la Comtesse y met pour cachet une épingle ; cette épingle, qu'elle prend de son corset, laisse tomber le ruban qu'elle avait ôté du bras de Chérubin, Suzanne le ramasse malicieusement, le rend à sa maîtresse, et sourit de son embarras.

Fanchette, avec les filles du village viennent apporter des fleurs à la Comtesse, elle les amène dans la galerie où elle se plaît à recevoir l'hommage de ces jeunes filles.

Le théâtre représente une belle galerie.

Chérubin, déguisé en paysanne, reçoit, ainsi que les autres filles, un baiser de la Comtesse, et au moment où son tour arrive, Antonio, le chapeau de Chérubin à la main, entre avec le Comte, il lui apprend que le Page, en habit de fille, est parmi les autres villageoises auprès de la Comtesse. On le reconnaît, Antonio lui arrache son bonnet de femme, et lui met le chapeau sur sa tête. Le jeune homme demande encore pardon ; le Comte outré lui lance des regards furieux ; Chérubin sort.

Brid-Oison vient apprendre au Comte que Marceline est la mère de Figaro ; elle paraît avec son fils, et confirme la vérité de cette nouvelle. Le Comte ne trouvant plus d'obstacle au mariage de Suzanne, est forcé d'y consentir, il veut même que Marceline épouse Bartholo : la Comtesse obtient de lui que ces deux mariages se fassent ensemble.

Figaro appelle les jeunes filles pour commencer la fête ; le Comte et la Comtesse vont s'asseoir vers un côté de la galerie pour recevoir les deux noces.

La marche commence par les gardes-chasse, fusil sur l'épaule, l'alguasil, les prud'hommes, Brid-Oison, paysans, paysannes en habits de fête ; deux jeunes filles portent le chapeau virginal à plumes blanches ; deux autres la mantille blanche ; deux autres les gants et le bouquet de côté.

Antonio donne la main à Suzanne ; deux autres jeunes filles portent une toque, une mantille, un bouquet blanc, semblable au premier, pour Marceline.

Figaro donne la main à Marceline : le docteur Bartholo ferme la marche, Bazile et Fanchette sont à côté de lui.

Les jeunes filles, en passant devant le Comte,

remettent à ses valets tous les ajustemens destinés à Suzanne et à Marceline.

Antonio conduit Suzanne au Comte, elle se met à genoux devant lui ; pendant qu'il lui pose le chapeau et lui donne le bouquet, elle le tire par son manteau, et lui montre un billet qu'elle tient.

Elle porte la main à sa tête, et lui donne le billet.

Le Comte le met furtivement dans son sein.

La fiancée se relève, et lui fait une grande révérence.

Figaro vient la recevoir des mains du Comte.

(*Divertissement.*)

Pendant la danse, le Comte, pressé de lire ce qu'il a reçu, s'avance au bord du théâtre et tire le billet de son sein ; mais en le sortant, il fait le geste d'un homme qui s'est cruellement piqué ; il secoue le doigt, le presse, et regarde le papier cacheté d'une épingle, il la jette à terre avec colère : ensuite il lit le billet et le baise avec transport ; à peine a-t-il fini de lire, qu'il aperçoit, au lieu de l'adresse, l'invitation de renvoyer le cachet pour réponse : il cherche à terre avec impatience, retrouve enfin l'épingle et l'attache soigneusement à sa manche.

Pendant ce temps Figaro rit de voir le Comte occupé d'une nouvelle amourette ; il est bien loin de croire que ce billet a été remis par Suzanne ;

celle-ci a des signes d'intelligence avec la Comtesse.

Suzanne conduit une farandole, Figaro, dans ce moment, est arrêté par Marceline qui a quelque chose à lui communiquer : au moment où ils se croyaient seuls, Fanchette revient, et fait entendre qu'elle cherche Suzanne pour lui remettre, de la part du Comte, l'épingle qui est la réponse au billet qu'elle lui a donné. Figaro dissimule devant elle, et Marceline la renvoie s'acquitter de la commission dont elle est chargée. Fanchette sort.

Figaro se livre à sa colère et à sa jalousie ; il ne doute plus de la trahison et de l'infidélité de Suzanne.

La farandole revient. Figaro est obligé de dissimuler. Tout le monde sort.

ACTE TROISIÈME.

Le théâtre représente une allée de marronniers ; deux pavillons sont à droite et à gauche ; le château illuminé paraît dans le fond, un siége de gazon est sur le devant ; le théâtre est obscur.

———

Fanchette seule, tenant une lanterne sourde, se rend dans le pavillon, où Chérubin lui a promis de venir. Figaro croyant toujours sa femme infidèle, vient au lieu du rendez-vous pour la confondre ; son imagination frappée lui fait tout prendre pour Suzanne : il entend marcher, il croit que c'est elle; Fanchette aperçoit quelqu'un ; craignant d'être surprise, elle se sauve dans le pavillon à gauche, elle en ferme la porte sur le nez de Figaro : celui-ci furieux appelle Bazile, Antonio, Bartholo, Brid-Oison, une troupe de valets qu'il a mis en embuscade, et leur fait promettre qu'au premier signal ils avanceront tous pour confondre le Comte et la perfide Suzanne ; ils en font le serment et se retirent.

Figaro s'assied sur un banc et se livre aux tristes

réflexions que fait naître l'infidélité d'une épouse, il entend du bruit, et se retire près le pavillon à droite.

La Comtesse, avec les habits de Suzanne, Suzanne avec ceux de la Comtesse, arrivent, Marceline les conduit.

La Comtesse a pris ce vêtement pour tromper et confondre le Comte; Suzanne y a consenti, pour punir la jalousie injuste de Figaro, et toutes les trois s'entendent pour rire aux dépens des deux jaloux.

Marceline laisse la Comtesse et Suzanne jouer leur rôle, et se retire dans le pavillon à gauche pour tout entendre.

Chérubin, en habit d'officier, vient pour voir Fanchette ; trompé par la coëffure de la Comtesse, il croit rencontrer Suzanne, et ne manque pas cette occasion de l'assurer de tout son amour : la Comtesse le laisse dans l'erreur, et Suzanne trouve toujours à rire de ce qu'elle voit : elle s'éloigne et se cache à droite.

Le Comte paraît dans le fond à la lueur des lumières dont on commence à éclairer le château ; il aperçoit son Page et le croit avec Suzanne : il approche si bien de cette fausse Suzanne, qu'il reçoit le baiser que Chérubin voulait lui donner : le Page trouve une joue d'homme, ce n'est pas son compte ; cependant, pour s'assurer s'il ne s'est pas trompé, il touche le vêtement : c'est un habit d'homme, il n'en doute plus, et se sauve dans le pavillon à gauche, où Fanchette et Marceline sont déjà.

Au bruit du baiser, Suzanne et Figaro sortent de l'endroit où ils se sont cachés; l'une cherche à découvrir celui qui l'a donné, l'autre, celle qui l'a reçu : Figaro croit que c'est Suzanne; il frémit de rage, et s'appr oche du Comte : celui-ci, croyant rencontrer Chérubin, lance un soufflet vigoureux, qui est reçu par Figaro . Suzanne applaudit.

Le Comte, toujours trompé par le vêtement jure à la prétendue Suzanne l'amour le plus tendre ; il la presse dans ses bras, l'entraîne doucement et l'embrasse : Figaro n'y tient plus ; il fait un vacarme horrible ; le Comte fuit dans le bois, la Comtesse entre dans le pavillon à droite.

Figaro ne doute pas que sa femme n'ait fui avec le Comte, il veut les suivre, mais il est arrêté par Suzanne : le vêtement le trompe ; aussi il croit être avec la Comtesse : il veut lui persuader qu'il faut se venger réciproquement du Comte et de Suzanne ; il la supplie de permettre qu'il rende à son maître l'outrage qu'il en reçoit. Suzanne dissimule, se couvre le visage de son voile : Figaro devient pressant, baise les mains de la prétendue Comtesse , et reçoit vingt soufflets, qui lui font bientôt connaître que c'est à Suzanne qu'il a affaire; trop heureux d'être battu à ce prix , il s'élance au col de sa femme, et lui témoigne une vive joie d'avoir la preuve de son innocence. Il lui jure à genoux de l'aimer toujours.

Le Comte, que le bruit seul avait fait fuir, revient pour trouver Suzanne, les habits de celle-ci le trompent, il croit voir son épouse, il aperçoit un homme à ses pieds : il entre en fureur, Suzanne se sauve dans le pavillon à gauche, pendant que le Comte saisit Figaro au collet, et appelle à son secours Brid-Oison, Bazile, Antonio, Bartholo, et tous ceux que Figaro avait postés pour lui servir de témoins, accourent avec des flambeaux. Le Comte fait entourer le pavillon à gauche, et va avec fureur en ouvrir la porte, pour montrer à tous les yeux sa criminelle épouse; il tire avec peine une personne qui refuse de sortir... c'est le Page qui paraît, et se jette à genoux. La fureur du Comte augmente ; persuadé que sa femme le trompe doublement, il envoie Antonio chercher la coupable... c'est Fanchette qui se présente à ses yeux, et qui, dans la posture d'une suppliante, demande pardon de sa faute.

Le Comte impatienté, ordonne à Bartholo d'aller chercher la Comtesse ; il obéit, entre dans le pavillon, saisit une femme au bras, et l'emmène avec violence... c'est Marceline qui se met aussi à genoux.

Le Comte, toujours plus furieux, ne sachant ce que cela veut dire, court lui-même au pavillon pour y chercher sa perfide épouse ; Suzanne voilée, et sous les habits de la Comtesse, arrive honteuse, se prosterne aux genoux du Comte, et demande sa grâce. Le Comte indigné, croyant enfin avoir trouvé sa femme, se livre à la colère la plus vive... La véritable Comtesse sort du pavillon à droite, et vient ironiquement demander aussi son pardon. Le Comte reste interdit de sa méprise ; il s'aperçoit bien qu'il est joué ; Suzanne lève son voile, rit malicieusement de l'embarras du Comte : celui-ci n'a plus qu'un parti à prendre, c'est de rentrer en grâce auprès de sa femme ; il lui baise la main : la bonne Comtesse pardonne encore les fautes d'un mari qui lui sera toujours cher.

Tout le monde se livre au plaisir et à la joie ; la fête commence et finit par des danses générales.

F I N.

www.ingramcontent.com/pod-product-compliance
Ingram Content Group UK Ltd.
Pitfield, Milton Keynes, MK11 3LW, UK
UKHW031725170726

13836UKWH00001B/452

9 782329 591704